Lk 7 123

RÉGLEMENT

CONTENANT

L'Établissement du Comité National de la Ville d'Alençon ;

SUIVI

Du Réglement de la formation & discipline
de la Milice des Volontaires Nationaux
de la Ville d'Alençon.

A ALENÇON,

De l'Imprimerie de MALASSIS le jeune, Imprimeur
du Roi & du Comité.

M. DCC. LXXXIX.

RÉGLEMENT

Contenant l'établissement du Comité
National de la Ville d'Alençon.

LA Commune d'Alençon, à la vue des
malheurs qui affligent la France, s'eft em-
preffée de former un Corps de Volontaires
Nationaux ; elle doit à cette fage prévoyance
l'ordre & la tranquillité qui regnent au fein
de fa Ville & de fes environs ; elle fe
flatte de perpétuer cet heureux accord entre les Citoyens, de maintenir la per-
ception des droits utiles au foutien de
l'Etat, en fe conformant aux vues de l'Af-
femblée Nationale. Elle a confidéré qu'à
l'exemple de plufieurs Municipalités, qu'elle
s'eft fait un devoir de confulter, elle devoit
établir un Comité permanent ; & pour y

A 2

parvenir, elle a arrêté les articles qui suivent.

ARTICLE PREMIER.

Il sera incessamment établi en cette Ville un Comité permanent & toujours en activité, qui tiendra ses séances à l'Hôtel-de-Ville commun, depuis huit heures du matin jusqu'à midi, & depuis deux heures après midi jusqu'à cinq.

I. I.

Ce Tribunal sera divisé en trois Comités; le premier dit Comité permanent, le second Comité de sûreté, & le troisieme Comité de subsistance; & dans tous les trois seront alternativement distribués chacun des Membres du Comité général.

I I I.

Le Comité sera composé de trente-six Membres-Commissaires, eu égard à l'étendue de la Ville & à sa population; & les Membres choisiront entr'eux, après leur élection, deux Présidens, deux Rapporteurs & deux Secrétaires-Greffiers, indistinctement.

I V.

Tous les Membres qui doivent composer

le Comité feront choifis dans les différens Ordres des Citoyens de cette Ville, & nommés dans les Diftricts par la voie du fcrutin.

V.

Le choix des Membres du Comité doit tomber fur des hommes ayant atteint l'âge de trente ans, connus par leur réputation, leur prudence, leur fageffe & leur honnêteté, & on cherchera, autant qu'il fera poffible, des Citoyens inftruits.

V I.

Chacun des Membres du Comité fera en exercice pendant trois ans. Il en fortira néanmoins deux de chaque diftrict tous les ans, par la voie du fort; & ils feront remplacés par cette voie; & par un nouveau fcrutin.

V I I.

Le Tribunal fera garni au moins de huit Juges, non compris le Préfident, foit qu'il agiffe de rendre un Jugement fommaire, provifoire ou définitif.

V I I I.

Tout Officier du Corps des Volontaires

Nationaux, qui feroit élu Membre du Comité, fera incontinent obligé d'opter, ce
double fervice étant incompatible.

I X.

Les Maire, Echevins & Procureur-Syndic
étant en fonction, feront appellés au Comité général, & auront voix délibérative,
étant nommés par la Commune ; ils prendront féance fuivant leur âge, & ledit Comité devient, par la fuppreffion des Confeil-
lers & Notables, le Confeil né de l'Hôtel-
de-Ville.

X.

Le Commandant du Corps des Volontaires Nationaux, aura féance dans l'enceinte
du Comité, fans voix délibérative, & tout
Citoyen pourra y adreffer, par écrit,
toutes demandes, plaintes & dénoncia-
tions.

X I.

Les deux Officiers & Juges de Police feront admis audit Comité, & y auront voix
délibérative, comme les autres Membres,
& prendront place parmi eux, fuivant leur
âge & ancienneté.

X I I.

Le Comité veillera à la sûreté du Citoyen , fera respecter sa propriété , usera de tous les moyens propres à conserver l'ordre , la tranquillité & la justice , en réprimant la licence par-tout où elle se produira.

X I I I.

Les affaires de toute nature , relatives à l'administration de la police intérieure & extérieure de la ville , seront portées au Comité.

X I V.

Tous gens sans aveu, suspects , malfaiteurs & brigands qui seront soupçonnés , accusés pris en flagrant délit , seront incontinent traduits & amenés au Comité ; ils y prêteront interrogatoire , & s'il appert qu'ils méritent peine infamante ou afflictive , ils seront renvoyés devant le Juge ordinaire qui doit en connoître.

X V.

Il sera fait une perquisition exacte de tous les gens sans aveu, sans métier & sans vrai domicile ; il en fera fait un rôle , qui fera communiqué au Corps des Volontaires Nationaux, à la Maréchauffée & aux Troupes , à l'effet par eux de furveiller leur conduite,

X V I,

Là difcipline du Corps des Volontaires Nationaux , la fûreté & la délivrance des armes, des munitions & uftenfiles de guerre feront du reffort du Comité , d'après les avertiffemens qui lui feront donnés par les Officiers dudit Corps. Les fonctions de ces derniers feront de trois ans , à l'expiration duquel temps ils feront remplacés par la voie du fcrutin. Quant aux places vacantes d'Officiers de tous les grades des Compagnies, chaque Diftrict y nommera par la même voie. Il en fera ufé différemment pour celles qui viendront à vaquer dans l'Etat Major : les nominations fe feront par vingt-quatre Commiffaires choifis dans les différens Diftricts, tout & ainfi qu'on l'a pratiqué lors de la formation du Corps des Volontaires Nationaux.

X V I I,

S'il s'élevoit quelques conteftations entre

les Officiers de tous grades, entre les Volontaires Nationaux ou autres Militaires, elles feront jugées par le Comité assemblé.

X V I I I.

Tous différens qui pourroient naître à l'occasion des personnes arrêtées par les patrouilles ou à la clameur publique, ou faute de passe-ports, feront jugées sommairement par le Comité, sauf, après leurs explications, à les renvoyer ou à les constituer prisonniers.

X I X.

Il sera incessamment rédigé une Ordonnance militaire, dont lecture sera donnée à la tête du Corps des Volontaires Nationaux, assemblé sous ses drapeaux, & les Officiers & Volontaires seront tenus de faire le serment de s'y conformer.

X X.

Le Corps des Volontaires Nationaux restera sans changement jusqu'après la publication de ladite Ordonnance ; & au lieu de trois cens hommes dont il est aujourd'hui composé, on s'efforcera de le porter au moins à quatre cens quatre-vingt hommes.

X X I.

Tout citoyen fans exception , depuis l'âge
de dix-huit ans jufqu'à foixante , en état d'ail-
leurs de porter les armes , à la réferve des do-
meftiques & ouvriers non domiciliés , fera
porté fur la lifte générale des hommes def-
tinés à faire le fervice , & ne pourra refufer
de marcher quand il en fera requis , à peine
d'amende.

X X I I.

Les citoyens âgés de plus de foixante ans ,
ou infirmes , ou ceux qui par état font dif-
penfés de porter les armes , les Eccléfiaf-
tiques , les veuves & les filles tenant ménage ,
& impofées à quatre francs de capitation ; les
Communautés d'hommes & de femmes , fauf
les Ordres mendians & les Hôpitaux , feront tenus de payer par mois depuis cinq jufqu'à trente fols , dans la proportion qui fera
réglée par le Comité. Ces fommes feront
verfées aux mains du Caiffier qui fera nommé
à cet effet , pour en être le montant diftri-
bué à ceux que le Comité jugera dans le
befoin , pour indemnité du fervice public
qu'ils pourront faire , foit la nuit , foit le jour ,

& le surplus s'il en refte, être employé aux befoins du Corps des Volontaires Nationaux.

X X I I I.

Nul ne pourra porter les armes apparte-nantes au Corps des Volontaires Nationaux, telles que fufils, bayonnettes & fabres, foit de jour ou de nuit, que pendant la durée de fon fervice. (*)

X X I V.

Il fera pourvu par la Ville aux dépenfes de premiere néceffité, telles que le chauffage du Comité & du corps-de-garde, les lumieres, frais d'impreffion & de bureau, entretien des armes & appointemens du Concierge, le tout d'après les états & mémoires qui feront arrêtés par le Comité.

X X V.

Le Comité s'adreffera au Miniftre de la Guerre & au Gouverneur de la Province, pour lui demander la délivrance de trois cens habits complets, fervans anciennement à la Milice, de pareil nombre de paires de guêtres, de fept habits de Tambour, de fix caiffes & de deux drapeaux, le tout dépofé

(*) Cet article eft modifié par le Procès-Verbal qui eft à la fuite du Code Militaire.

dans les magaſins de cette ville ; ainſi que
de trois cens fuſils, garnis de leurs bayonne-
tes, autant de ſabres & de gibernes, à pren-
dre dans l'arſenal qu'il leur plaira indiquer.

X X V I.

En cas de maladie des Officiers ou Volontaires Nationaux, certifiée par un Mé-
decin ou Chirurgien, ils ſeront exempts de
tout ſervice ; & dans le cas d'abſence ou légi-
time empêchement ; il leur ſera loiſible de
ſe faire remplacer, pourvu que ce ſoit par
un Membre du même grade, & en en préve-
nant le Commandant.

X X V I I.

Le Comité ſe fera repréſenter un état de
tous les Citoyens de chaque diſtrict, & veillera à former les Compagnies dans une proportion égale, afin que le ſervice n'en ſouffre
aucun inconvénient.

X X V I I I.

Tous les Officiers & Volontaires Nationaux
prêteront ſerment, ſuivant les formes preſcri-
tes dans le Décret de l'Aſſemblée Nationale
du dix Août dernier, & la Déclaration du
Roi du quatorze du même mois.

XXIX.

Les Membres du Comité porteront le même uniforme que les Capitaines de la Milice Nationale , mais fans épaulettes ; & pour marque de diftinction , le paffe-poil du collet de l'habit , des revers & des paremens fera de treffe en or.

Noms des Membres du Comité National d'Alençon.

PRÉSIDENS,

MM.

Demées.

De la Drourie.

RAPPORTEURS,

MM.

Charpentier.

Gerard.

SECRÉTAIRES,

MM.

D'Auteville.

Quilhet.

Noms des Membres du Comité, par Diſtrict.

Premier Diſtrict.

M M.

LALOUETTE.
MARCHANT.
D'AUTEVILLE.
TAILLEPIED.
DESJARDINS pere.
DE LA CHAPELLE.

Second Diſtrict.

M M.

DE MARESCOT.
BOUVIER pere.
DEVAUX-BIDON.
CHARPENTIER.
GERARD.
DUFOUR.

(15)

Troisieme District.

M M.

LE MARQUIS DE L'ISLE.
QUILHET.
DE LA DROURIE.
DESJARDINS fils.
DELORME.
NOURY.

Quatrieme District.

M M.

MARTIN.
POLLARD.
DUVAL.
RUEL DE FORGES.
CASTAING.
DUVAL.

Cinquieme District.

M M.

DE LA VERERIE.
DE BOISLAMBERT.

L'ABBÉ SEVIN.

COURDEMANCHE.

MARDELAY.

DESFONTAINES.

Sixieme District.

M M.

BOULVRAIS.

PRUD'HOMME LONGCHAMP.

BAZILLE l'ainé.

GODEFROY.

DESFOSSES.

VILDÉ.

RÉGLEMENT

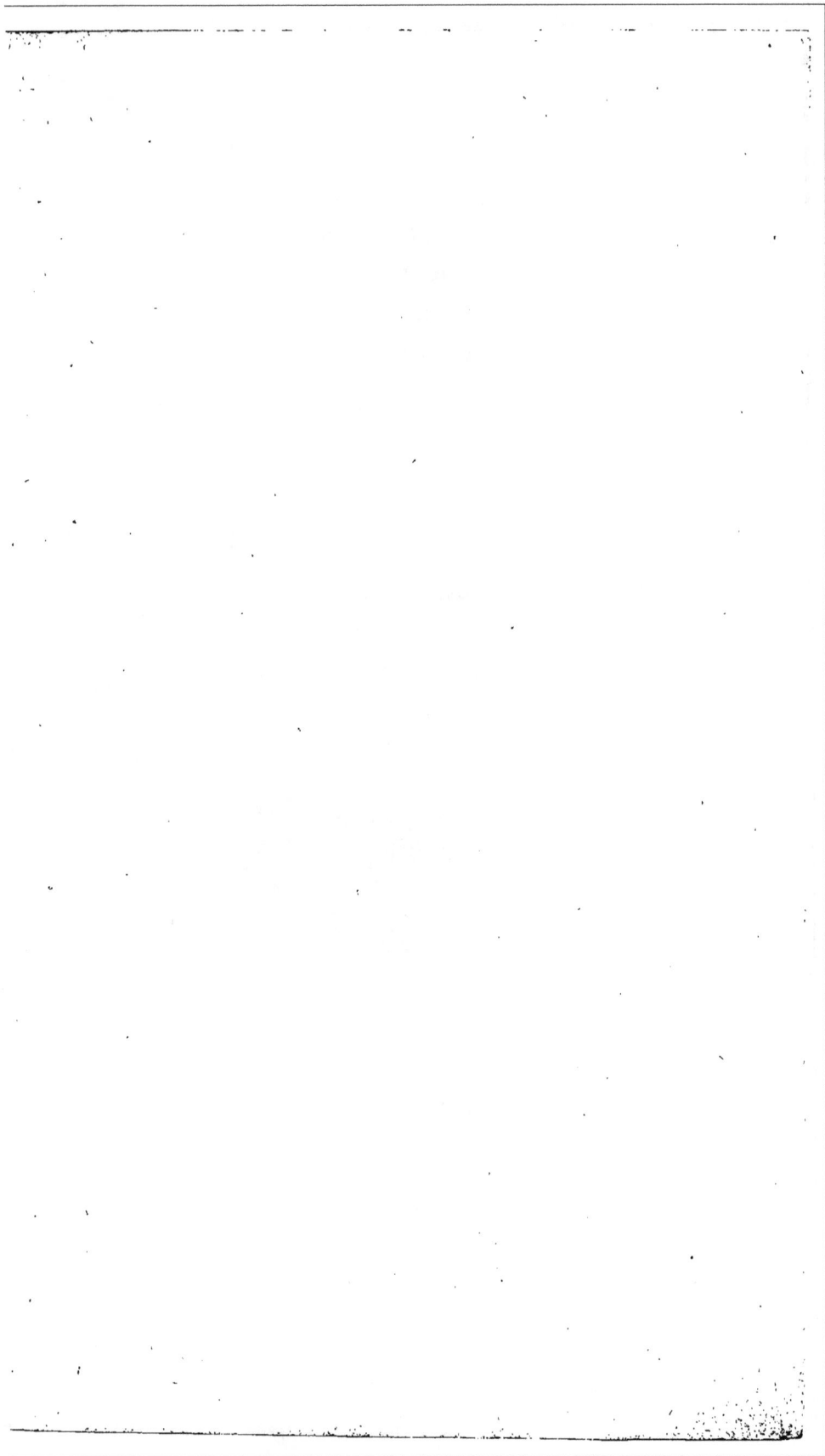

www.ingramcontent.com/pod-product-compliance
Lightning Source LLC
Chambersburg PA
CBHW061812040426
42447CB00011B/2612